홍영숙 시집

곡선의 미학

순수시선 689

곡선의 미학

홍영숙 지음

2025. 2. 20. 초판
2025. 2. 28. 발행

발행처 · 순수문학사
출판주간 · 朴永河
등　록　제2-1572호

서울 중구 퇴계로48길 11, 협성BD 202호
TEL (02) 2277-6637~8
FAX (02) 2279-7995
E-mail ; seonsookr@hanmail.net

· 저자와의 합의하에 인지를 생략함
· 잘못된 책은 바꾸어 드립니다

ISBN 979-11-91153-76-7

가격 15,000원

홍영숙 시집

곡선의 미학

순수

◆ 시인의 말

세 번째 시집을 내며

시란 내게 있어 어떤 의미일까

책꽂이에서 오십사 년 전 고교시절
교문 앞 책판매원에게 샀던
빛 바랜 시집 한 권을 꺼낸다

世界名詩選 모란이 피기까지는 文昌社
시 표지와 시 모두 세로줄로
글 크기는 10포인트다
사춘기 메마른 영혼을 다독여준 知己之友다

70년대 초 고교 시절 개교기념일
시화전에 걸려 있던 제목조차 기억나지 않는
내 이름의 시가 어설픈 미소를 짓는다

희망보다 절망과 우울에서 벗어나게 해준
수많은 책들 중 시는 감정의 순화와 사색으로
생명의 소중함, 사랑과 감사의 마음을 키우는
영혼의 벗이지 않았을까 싶다.

내 영혼의 벗과 나눈 무언의 대화를
부족함을 아는 겸손의 자세로 묶고자 한다

2025년 1월 새해를 맞으며

茶亭 洪英淑

차례

◆ 시인의 말 · 10
◆ 해설/정연수 · 172

1부 봄은 꽃이어라

일출	19
사랑이 머무는 곳	20
행복 바이러스를 만나다	22
하늘바라기	23
어느 날 아침	24
게발선인장	25
대왕꽃기린	26
서향	28
새봄을 맞이하며	30
삼월 입학식 한 컷	32
호수 스케치	34
봄날	36
풍경 소리	38
오월의 꽃	39
봄날의 식탁	40
풍경	41
날씨와 마음	42
곡선의 미학	44
노부부를 바라보며	46
꽃은 말이 없다	47
향금향	48
새해맞이 상념	49
봄은 꽃이어라	50
목베고니아	52
서향 향기를 맡으며	53

2부　나뭇잎의 속삭임

앤텔로프 캐년　　　　　57
보름달　　　　　　　　58
비 오는 날　　　　　　60
호떡집에 줄 섰네　　　62
칠월　　　　　　　　　64
빗소리 들리는 밤　　　65
안스리움　　　　　　　66
온새미로　　　　　　　68
청포도가 열렸네　　　　69
평창 강변길　　　　　　70
여름 들녘　　　　　　　72
자귀나무　　　　　　　74
저녁 하늘　　　　　　　75
별 헤는 밤　　　　　　76
호접란　　　　　　　　78
나뭇잎의 속삭임　　　　79
삶의 여백　　　　　　　80
멈춤의 시간　　　　　　82
폭우　　　　　　　　　84
기억 너머 저편　　　　86
폭우와 천둥　　　　　　87
매미 울음소리　　　　　88
나이아가라폭포　　　　89
난의 질문　　　　　　　90
빛과 그림자　　　　　　92
나를 만나는 시간　　　93

3부 그냥이라는 말

낙화	97
어둠을 비추는 사람들	98
그냥이라는 말	100
달빛에 잠기다	101
신은 어디에 계실까	102
악성 베토벤을 만나다	104
축복	106
초가을 비	108
동심을 눈에 담다	109
꽃무릇길	110
가을날의 선물	112
단풍 설경	114
국화꽃	116
옛 추억	117
그 가을	118
누군가 널 위해 기도하네	119
구월 어느 날	120
단풍잎 사진	122
사랑은 생명의 모멘텀	124
매미는 어디로 갔을까	126
삶엔 정답이 없다	127
삶의 길에 서서	128
소망	129
초가을	130
춘천가는 길	131

4부 하루를 여는 시간

눈밭을 걷다	135
신문	136
12월을 맞이하며	138
보름달 · 2	140
첫눈을 바라보며	141
대일품	142
우박 쏟아지던 날	144
침묵	145
모정	146
빙하의 절규	148
첫눈	150
나뭇가지 십자가	152
사진 한 장	154
석양과 달빛	155
집	156
잠시 쉬어 가세요	158
겨울꽃	160
몸이 말한다	162
대나무골 친구들	164
새들은 어디로 날아갔을까	165
슬픔 그 너머에	166
어디로 사라졌을까	168
하루를 여는 시간	170

1부
봄은 꽃이어라

일출

이른 아침 해운대 백사장
하나 둘 모여드는 사람들
해변 길을 산책하거나
백사장을 거닌다

어느 순간 줄지어 서서
동쪽을 향한 사람들
핸드폰과 카메라를 들고
그림처럼 서 있다

떠오르는 태양을 기다리는
엄숙한 분위기 속 경건함
바다에서 붉은 해가 떠오르자
사진 찍기에 집중하며 하늘을 향한다

구름에 반쯤 얼굴을 숨겼다
하늘 높이 솟아오른 태양
하나 둘 떠나는 사람들
적막 속에
태양을 향해 밀려가는 물결들
윤슬의 바다 보석으로 탄생한다

사랑이 머무는 곳

청색의 하늘을 올려다보면
창공을 나는 한 마리 새가
되어 날아보라고 한다
마음의 날개를 달고
하늘 끝까지 올라오라고
손을 내민다

가없는 수평선을 바라보면
태양빛을 따라 반짝이는
결 고운 파도가 되라 한다
찰싹거리는 소리로 다가와
하얀 포말을 일으키는
흰 파도의 순수함을
간직하라 속삭인다

우뚝 솟은 산을 바라보면
산등성이 바위가 되라 한다
제자리를 지키는 꿋꿋함
한결같은 모습으로 영원을
노래하자 한다

사랑이 머무는 곳에
하늘과 바다와 산이 있다는 게
얼마나 큰 축복인가

행복 바이러스를 만나다

공원길을 산책하고
구름다리로 걸어오다
맞은편
할아버지 곁에서
너댓살로 보이는 남자아이
열 손가락 쫙 펴 손을 흔든다

가까워지니
두 손을 공손히 모으고
배꼽 인사를 한다

스쳐 지나가다
뒤돌아보니
귀엽다는 소리를 들었는지
돌아서서 입에 댄 검지와 중지
브이자 하트를 날리고 사라진다

행복 바이러스에 전염된 날
입가에 미소가 꽃잎처럼 번진다

하늘바라기

가을 추수가 끝나가는 늦가을
책가방 던져두고
고구마 이삭 줍던 아이들
하나 둘 집으로 떠난 들녘

동그마한 얼굴의
단발머리 소녀
홀로 남아 저물어가는
하늘을 바라보고 서 있다

불그스름 물들어가는
노을빛이 신비로워
하늘바라기 되어
올려다보던 큰 눈망울

긴 세월 지났어도
한 폭의 그림 속 주인공 되어
하늘을 향한 그리움에 잠긴다

어느 날 아침

새벽녘 잠 깨우는
산골마을의 새 소리

통 유리창 너머 병풍처럼
펼쳐지는 어깨 두른 산들
허리를 감싼 하얀 안개 띠
하늘로 오른다

앞산 승두봉을 둘러싼
안개 걷힌 산들 얼굴을 내밀면
해님이 환한 빛으로 인사한다

우주의 질서 속에 펼쳐지는
아름다운 자연의 정경

평창강 물 소리도 질세라
노래를 부를 제 강 둔덕
이름 없는 풀꽃이 되고 싶다

게발선인장

무더위에 꽃 한 송이 피우지 못한
게발선인장 노란 비닐 이불 덮어쓰고
찬 겨울을 견딘다
햇빛 따사로운 오후 숨 좀 쉬라 하니
잎마다 분홍빛 꽃봉오리 달고
수줍은 듯 고개 숙이고 있다
영하의 추위에 봄을 알리는 꽃소식
동공이 커지는 순간
가냘픈 여린 잎 마디 꺾인 채
바닥에 떨어져 신음하고 있다
유리잔에 담아 주방 창가에 올려두고
사랑의 눈빛 보내니
시든 잎 생기 돌아 한 잎이 두 잎
쌍둥이 연이어 낳는다
하늘 향해 얼굴 든 초록의 잎들
집이 좁다고 아우성이다
예쁜 화분에 옮겨 심어줄
봄날을 기다리라고
함께 기다림을 배우자고
스스로 마음의 끈을 조인다.

대왕꽃기린

가시면류관의 꽃
예수님의 꽃이라는
꽃말을 가진 대왕꽃기린
튼튼한 가시가 꽃을 피운다

솟은 모양이 기린을
닮았다 해서 붙여진 꽃기린
사계절 길다란 목대 위에
선명한 연분홍 아름다운
꽃이 피어난다

한파에 목대가 얼어
베란다서 거실로 옮겨 온
두 개 화분의 대왕꽃기린
부활해서 쑥쑥 자라
팔등신 미인의 몸매에
8~10개의 꽃이 뭉쳐
미모를 자랑한다

사랑과 보살핌에
한 개 화분은 올망졸망

형 누나 꼬맹이 아기들
대가족을 이루어 봄날을
기다린다

서향

우리 집 베란다 정원
봄의 전령사
꽃이 피면 그 향이 천리를
간다는 서향

이월 초
꽃봉오리 쏙쏙 올라오다
한파에 피지도 못하고
가지만 외로이 남더니
어느 날
꽃과 향기로
머잖아 봄이 온다고
거실 문만 열면 향기로 말한다

한 달 남짓 꽃보다 귀한
향기에 취하면 연분홍 고운 빛깔
진갈색으로 고개 떨구어도
향기만은 남기겠노라
코끝에 스며든다

마지막까지 자기 소임을

다하라는 소리 없는 울림에
눈을 감고 마음으로 듣는다

새봄을 맞이하며

햇살이 따사로운 봄날
꽃들에게 속삭인다
하얀 비닐 이불 덮고
추운 겨울 이겨냈으니
장하고 고맙다고

여름 무더위에 기진맥진
난 꽃대들 꽃 한 송이
피우지 못했지
봄날의 문주란 그 화려한 자태
앙상한 꽃대 한두 개만 남고
가을 국화꽃조차 꽃으로
다 피지 못한 시련의 시간들

혹독한 겨울 추위
노랑색 비닐 덮어쓰고
진분홍 꽃 피운 게발 선인장
제라늄 아기 꽃 세 송이
큰 화분엔 튼실한 꽃망울 올라오고

늦가을 연이어 올라와

늘 푸른 잎으로 반겨주는 문주란
세 개 화분에서 잎 사이로
올라오는 군자란 꽃봉오리들
잎 다 떨구고 긴 줄기만
추위에 떨던 베고니아
육십여섯 개 화분의 난들까지

다 살아나 봄맞이 하는 날
꽃들에게 사랑의 눈길을 보내니
생명의 소중함과 삶의 의미를
잊지 말고 살라고 답한다

삼월 입학식 한 컷

신문 속 사진 한 장
낯익은 공간에 시선이 꽂힌다
급훈과 게시판 녹색 칠판
정리 정돈된 교실
영상처럼 스쳐가는 추억의
장소 정겹다

고개를 돌리니
앞쪽 교탁이 보이지 않고
뒤쪽에 있어야 할 학생들 사물함이
디지털 피아노와 함께 놓여 있다
가지런히 줄지어 늘어선 직사각형
책상 대신 타원형 테이블과
연두색 플라스틱 의자 넷

의자에 걸쳐 놓은 패딩잠바
책상 오른쪽에 걸려 있는 분홍색 책가방
안경 낀 여교사의 수업을 마주앉아
듣고 있는 긴 머리의 여학생 한 명

입학생 1명… 유난히 넓은 교실

전국 초·중·고교가 일제히 입학식을 개최한 3월 4일
대구광역시 한 군에 있는 초등학교에 관한 기사다

인구재앙의 시대
지난해 4분기 합계 출산율
사상 처음 0.6명대로 추락
한일 출생율 0.72 vs 1.26
절로 나오는 깊은 한숨
왁자지껄, 우당탕탕
쉬는 시간이면 소란스럽던
아이들의 소리가 마냥 그립다

호수 스케치

아름다운 봄날
홀로 공원길을 걷다
낮게 뿜어내는 호수의
분수 소리 정겨워
발길을 멈춘다

밀려오는 물결 따라
집오리라 불리는
하얀 오리 한 마리
청둥오리 두 마리
어울려 노니는 모습
한 폭의 수채화다

흰색 오리 선두주자 되어
숲길 방향으로 회전하니
청둥오리 두 마리
미끄러지듯 따른다
반대 방향으로 직진
청둥오리 주자가 되어
물살을 가를 때
눈앞에서 멀어지는 오리발

끊임없이 빠르게 움직이는
발차기 지켜보다 처연함에
발길을 옮긴다

봄날

새채익 계절 봄
신이 풀어놓은 물감들이
자연을 물들여 꽃잔치를 연다

빨간색 흰색 분홍 동백꽃
노란 산수유 봄소식 전하자
회백색 목련화의 고귀한 자태
연분홍 화사한 벚꽃
꽃비 흩날려 꽃길 만들고

산을 물들이는 연분홍
진분홍 진달래 꽃담길에는
영산홍 철쭉 노란 개나리
연보랏빛 수수꽃다리 수줍다

연둣빛 여린 나뭇잎들의 살랑거림
알 수 없는 설렘으로 다가올 때
들길 걸으면 보랏빛 제비꽃
작고 갸날픈 흰색의 냉이꽃
노란 민들레 이름 없는 풀꽃들
소리없이 반겨준다

소중하고 귀한 생명들
사랑의 눈으로 바라보면
예쁘지 않은 꽃들이 어디 있으랴

풍경 소리

산사의 풍경 소리
솔바람 소리 새 소리
흐르는 물 소리 어우러져
무념무상의 고요 속
눈을 감고 마음의 소리를
들으라 한다

지하철 풍경 소리
분수에 맞는 곳에 살며
일찍 선한 일을 많이 하여
공덕을 쌓으며
스스로 올바르게 살아감을
새기는 것 이것이 더없는
행복의 길이라고
눈길 머무르는 순간
마음 그릇에 담아가라 한다

오월의 꽃

오월의 하얀나무 꽃
순백의 아름다움으로 눈부시다

동네 어린이 공원
울창한 숲을 이룬 나무 두 그루
초록 잎에 수놓은 하얗게 핀 꽃
눈길끌어 발걸음 멈춘다
열매가 붉은 팥알처럼 생겼다는
팥배나무 꽃 매혹이라는 꽃말에
취해 고개 들어 오래 올려다본다

가로수 길
흰쌀밥을 연상한다는
가늘고 긴 꽃잎의 이팝나무
영원한 사랑이라는 꽃말로
마음을 촉촉이 적실 즈음

하얀 꽃처럼
순결한 영혼으로 살라는
목소리가 나지막이 들려온다

봄날의 식탁

자연의 선물로 차려진
봄날의 식탁 향긋하다

가시오가피 여린 잎나물무침
살짝 데친 통통한 참두릅
머위 잎 데쳐 우려낸 머위 쌈
들깨에 버무린 머위대 무침
생으로 쌈처럼 먹는 돌미나리
멸치 다시마 우려낸 국물에
끓여 낸 쑥 된장국
풍성해진 식탁에 봄 향기가
코끝을 진동한다

맛과 향을 음미하는 순간

식탁에 오르지 못한
여린 잎 안 따 억세진
개두릅이라 불리는 엄나무 순
밖에서 외톨이 되어
살랑바람과 친구하고 있다

풍경

받침대에 세워진
붉은 자줏빛 긴 타원형
화산유리 수석

연못을 감싸안은
길 따라
순한 눈망울의
소들이 돌아오고

붉게 물들어 가는
노을빛 하늘 아래
산중턱 집 두어 채
워낭소리 기다린다

날씨와 마음

날씨와 마음은 닮았을까

동트는 아침 맑은 하늘 보면
새 소리 들려 마음 활짝 열리고
새벽잠 깨우는 야옹이
참치 주고 밥그릇 물그릇 채우고
냄새 풍기는 변기통 치우며
건강의 신호라고 감사한다
곁에 있어 달라 놀아 달라
살살 쓰다듬는 손길에 꼬리를 흔들며
골골골 소리로 행복하다고 말한다
앞뒤 베란다 창문 열고 꽃과
난들에게 밤새 안녕 인사 나누고
주방에 가서 창 밖을 바라보면
중앙공원 산등성이 초록으로
물든 나뭇잎들 햇빛에 반짝이며
살랑거린다

잿빛으로 물든 하늘 올려다보면
무겁고 울적해지는 마음
산다는 게 무슨 의미일까

먹구름이 몰고 온 빗줄기에
고인 슬픔이 배어나오면
고독 속으로 침잠한다

곡선의 미학

일직선 도로변
초등학교 담장을 돌아
공원길로 향하는 길
자연과의 조화를 이루는 곡선 길
저절로 발길이 간다
하늘 향한 키 큰 나무들
햇빛 가려 그늘을 만들어주고
새 소리에 하늘 올려다보며
뒤돌아보기도 하는 동그마한 길
가던 길 멈추고 주변도 둘러보며
자연과 소통하며 쉬어가는 길
마음 평화롭고 여유롭다
내가 살아온 길은 어떤 길이었을까
신작로 등교길 스쳐 지나가고
연못을 지나 논밭길 따라 걷다
냇가에서 고무신으로 잡은 물고기
놓아주던 하교길
둔덕에 피어 향기로 맞아주던
하얀 찔레꽃을 가장 좋아했지
과외 받고 오는 길 하나 둘
별들이 반짝이면

하늘바라기 되어 별을 세었지
마음의 고향인 자연과 곡선의 길
實益과는 동떨어진 호기심과 즐거움으로
배우고 나누며 살아온 삶
곡선의 길을 닮고 싶었나보다

노부부를 바라보며

공원길로 이어지는 길
노부인을 태운 휠체어를
밀고 가는 노인
애써 명랑한 표정을 지으며
친구 누구 아느냐며
노부인의 멍한 표정과
무반응에 아랑곳하지 않고
초록나무 사이로 힘차게
밀고 간다. 햇살 따사롭다
오랜만에 낯익은 노부부의 모습
오른손으로 힘주어 휠체어를 밀며
왼손으로 콧물을 닦는 노인
옷소매에 연신 코를 문지르다
힘 빠진 두 팔 지친 표정이다
안타깝고 마음 아리다
부부의 정이란 무엇일까
측은지심이 아닐까

꽃은 말이 없다

꽃은 말없이 피고 진다
침묵이라는 우주 속에서
순응이라는 구도자의 모습으로

갈색으로 변해가는 난의 꽃대
꽃을 피우지 못해도
진갈색의 잎들이
소리 없이 떨어져도

가을이 오고 있다는
소식을 전하고 싶었을까

순백의 꽃으로 피어난 소심란
네 개 화분에 꽃대 다섯 개의 황화란
자고 일어나면 꽃봉오리 꽃을 피워 낸다

침묵의 고요 속에서
평화라는 선물을 안겨준다

향금향

김치냉장고 야채실
과일들 속에서 꺼낸
노란 빛깔의 향금향
얇은 껍질을 벗기니
향긋한 내음 코끝을 스친다

귤 알맹이에 붙은
하얀 실 같은 것의 이름은 귤락
과육이 실처럼 퍼진 모습을
귤락이라는 명명에
생명감을 느낀다

제주도 서귀포의
햇빛과 바람이 키워낸 향금향
달콤한 과즙이 입안에 가득 상큼하다
이십대 처음으로 먹어본 감귤의 추억
고요 속 사색에 빠져든다

*명명(命名) : 사람, 사물, 사건 등의 대상에 이름을 지어 붙임
*귤락: 한의학에서 기혈이 인체의 경맥에서 갈라져 전신으로 오가는 통로
　　인 낙맥을 연상

새해맞이 상념

이천이십오 년 을사년 뱀띠 해
생의 칠부 능선에 올라 맞이하는 새해다
아동기라는 작은 언덕에서 시작하여
오르고 올라 노년기라는 산등성이에 발을 딛고
떠오르는 해를 맞이하며 스스로 다짐하는 말
오늘이라는 날을 사랑하며 감사하며 살자
두 손 두 발로 움직일 수 있는 것만으로도
축복 받은 삶이라고 생각하며 살자
욕심을 부리지 말고 선한 마음으로
적은 것이라도 나누고 살며
햇살 닮은 미소와 따스한 마음으로
자신을 가장 사랑하는 사람으로 살자
기쁨과 슬픔을 함께 나누고
존중과 배려의 소중함도 잊지 않고
자연을 닮고자 하는 마음으로
작은 것들의 행복 추구로 새해를 맞이하자

봄은 꽃이어라

다투어 피는 꽃들의 아우성
봄은 꽃이어라

고개 들면
산수유 노란 손 흔들고
목련꽃 우아한 자태 뽐낼 제
수수꽃다리 고개 내민다

곁눈 돌리면
벚꽃 화사한 미소 짓고
진달래 무리 지어 얼굴 붉힐 때
개나리 유치원 담장되어 늘어서 있다

스치듯 눈길 앞에
작디작은 노란꽃
생애 처음 발견한 회향목 꽃

고개 숙이니
제비꽃 앙증맞은 얼굴로 앉아있고
아파트 담장 아래 홀로 핀 민들레
햇살과 속삭이고 있다

대지에서 움터 온
생명의 신비와 숭고함

아름답지 않은 꽃이 어디 있으랴
귀하지 않은 삶이 어디 있으랴
살아가는 이들이 다 꽃인 걸

자연 속에 숨 쉬는 모든 생명은
다들 봄날의 꽃이어라

목베고니아

햇빛을 많이 받을수록
꽃이 핀다는 목베고니아

굵은 가지에 연한 연둣빛 새잎들 자라
갸름한 심장 모양의 잎 전체가 녹색이다
흰 얼룩점이 드문드문 점점 커지는 잎들
빛을 따라 정렬하며 뒷면의 잎맥은 붉다

땅에 떨어진 주황색 하트 숫꽃
하얀 작은 접시에 물 붓고 담아두면
연분홍색 로맨틱 사랑스러운 분위기
한 달간 생명을 유지한다

숫꽃이 폈다가 진자리에 암꽃이 나와
아래로 향하며 화려함을 과시한다
오렌지색 보석으로 치장하고
영화 속 무도회를 연상시키더니
무더위에 큰 잎들만 무성하다

서향 향기를 맡으며

손 시린 이월 베란다 문을 여니
추위에 떨며 고개 숙이던 진녹색 잎
꽃 한 송이 피워내 향기로 인사한다
열대여섯 개 십자모양의 별꽃이 옹기종기 모여
자홍색 흰빛 속살 드러낸다
곧 봄이 찾아 올 거라고 알리고 싶어
전령으로 찾아온 걸까
코끝으로 스며드는 은은함에 눈을 감으니
마음 뿌리에서 씨앗 하나 싹트는 소리
미세먼지 걷어낸 맑은 하늘 그림 한 점
불면에 시달린 두통 말끔히 가신다.
날이 가고 꽃들은 말없이 피어
칙칙한 겨울의 냄새들을 몰아낸다
오늘도 베란다 서향 앞에 서니
작은 꽃들 모여 꽃 한 송이 되듯
하루하루의 삶이 꽃이 되라고 내면을 가꾸어
천리향이 되어 살라고 일러준다

마음의 찌든 냄새 부끄러워 도망치기 바쁘다

2부
나뭇잎의 속삭임

앤텔로프 캐년

아름다움을 넘어선 신비로움
사진작가들이 꼽는
가장 아름다운 명소의 안내문

나바호 원주민 투어 가이드를
따라 동굴로 들어가니
자연이 빚어 낸 바위와
곡선의 길들이 환상적이다

고개를 들어 올려보니
지하를 향한 직선의 빛이
눈부시도록 밝다

사진을 찍으면
협곡과 빛이 자아낸
그 순간 예술작품이
탄생하는 곳

삶에 있어 아름다움을
넘어선 신비가 무엇인가를
화두로 던져준다

보름달

겨울 새벽
하늘 높이 떠 있는 둥근달
환한 빛으로 내려다본다
얼어붙은 겨울 바다
파도 소리 들으며
말없이 걷던 백사장길
기억하느냐고 묻는다

보름달만 뜨면 나타나던 너
발자국 소리에 뒤돌아보면
달빛 닮은 수줍은 미소뿐
무작정 걷기를 좋아하는
내 뒤를 따라 말없이 걷다
나지막한 소리로 시를 읊었지

추위에 떨며
다리가 아프도록 걸었던 그 길들
사라지듯 하늘나라로 떠난 너
마지막 눈감기 전까지
얼굴 한 번 보고 싶다던 소원마저
외면하고 산 시간들

오랜 시간 잊고 살았다고
답하기엔 너무 미안해
용서를 구하는 마음으로
고개 들어 둥근달만 바라본다

비 오는 날

쏟아지는 빗소리 반주에
개구리들 개굴개굴
쉬지 않고 노래한다

낮에는 합창소리로
밤에는 자장가로 들으며
연못과 시냇물이 흐르던
국민학교 시절 하교 길
회상하며 꿈속으로 빠져든다

우산 쓰고 홀로 걷던 아침
개구리 두 마리
팔짝거리며 반겨주고

길 갈라지는 마을 첫 집
담벼락 농수로에 미나리 덤불
개구리들 튀어나와
앞발과 뒷발을 쫙 펼쳤다
눈 깜짝할 새 헤엄치는 모습
생의 전율 경이롭다

그 순간
백여 마리가 넘는 올챙이들
꼬리 흔들며 노니는 모습
사랑의 눈으로 바라보며
모든 생명은 고귀하다
한 문장 마음에 새긴다

호떡집에 줄 섰네

광화문에서 빨간버스를 타고
집으로 가는 길
창 밖으로 내다본
남대문길 도로변 점포 앞
여러 줄로 서 있는 사람들
지난해 유월 볼거리 먹거리로
눈이 즐거웠던 제주도 동문시장
넉 줄로 서 있는 사람들
같은 해 십이월 십년이 넘어 찾아간
고향 바다 해운대 전통시장
붐비는 시장길 끝자락
여러 개의 긴 줄로 서 있는 사람들
호떡 사려고 기다리는 이들이다

가는 곳마다 호떡집에 줄 섰네

중얼거리는 순간
해운대시장 호떡장사 딸이던 동기생
이름도 얼굴도 흐릿하지만
중학교 시절 팔다 남은 호떡을
매일 교실로 가져와 팔았지

효심 대신 웃는 모습 본 적 없어
그때도 지금처럼 호떡집에 사람들이
줄지어 있었다면 얼마나 좋았을까
행복하게 살아가고 있길 바라며
그녀의 웃음 띤 얼굴을 상상해본다

칠월

칠월이면
방학이라는 낱말이
기다림과 설레임을 선사한다

환한 표정의 아이들 얼굴에
넘실대는 푸른 바다가 보이고

황금보다 더 귀한 휴식이라며
방학을 손꼽아 기다리는 이들
제각각 희망의 계획을 세운다

수십 년간 기다림의 방학 대신
무한의 자유로운 시간이 주어진지
팔년의 시간인데도 알 수 없는 설레임

칠월은 방학의 달로 정하고
어디론가 떠나야겠다

빗소리 들리는 밤

베란다 창문으로
흘러 들어오는 상큼한 바람
피곤함을 내쫓고 생기를
불어넣어 준다

순간
쏴아아 부드러운 빗소리
불안정한 감정의 파동을 잠재우고
맑은 호수처럼 잔잔해지는 마음

마음 챙김의 시간
지금 이 순간을 직시하고
고요 속에서 나를 찾으라 한다

안스리움

번뇌와 열정의 꽃

불타는 마음이
꽃잎으로 분출되어
광택으로 매끈하다
꽃처럼 보이는 빨간색 하트
꽃을 감싸고 있다

희고 작은 기둥처럼 생긴 꽃
엄마의 포근한 품에 안긴
해맑은 아기 같다

토란잎 비슷한 이파리
그물 같은 무늬
윤기와 함께 짙은 녹색
잎이 크고 잎맥 뚜렷하다

공기정화로 미세먼지까지
잡아주니 고맙기도 하지

독특하고 매혹적인 모습

바라볼 때마다
사랑의 의미를 묻는다

온새미로

마음에 담고 싶은
귀한 사람 가졌는가

변함없이 소중함을 간직한 사람 있어
높고 푸른 새벽하늘 바라보며
기쁨과 행복의 전주곡을 띄우고
밤이면 두 손 모아 평화를 기도하네

선함과 따뜻함으로 포용해 주는 사람 있어
얼굴 떠오르면 환한 미소가 지어지고
만나면 벅차오르는 뿌듯함 동심으로 돌아가
아름다운 자연을 노래하네

＊온새미로: "언제나 변함없음", "본연 그대로의 상태"라는 뜻의 순 우리말

청포도가 열렸네

텃밭에서 캐온 포도나무 한 그루
남편화실 원룸 옆 시동생이 만들어 준
철재 사각 기둥 한쪽에 심어져
수년을 자라지 않고 비실대던 포도나무

튼실한 잎과 가지들 풍성하고
넝쿨로 하늘 향해 올라가고 있다
반가움에 달려가 살펴보니
구슬처럼 조롱조롱 매달린
연둣빛 포도송이들 앙증스럽다

어머! 어머!
절로 나오는 감탄사
시들어 죽지 않고
살아난 것만으로도 고마운데
열매까지 맺어 익어가고 있네
생명의 귀함과 함께
이육사 시인의 청포도를 읊조리니
기쁨이 배가 된다

평창 강변길

인적 없는 새벽
금당계곡 강변길을
홀로 걸으면
풀잎 이슬처럼
맑은 마음으로
살아라 한다

겹겹이 둘러싼

안개 낀 희미한 산들
가까이 갈수록
진초록 숲을 드러내며
보이는 그대로를
사랑하라 한다

하얀 포말을 일으키며
흘러가는 강물 소리
커졌다 작아졌다
물 흐르듯 살아라 한다

풀숲을 이룬 작은 섬

둘로 갈라져 흐르는
부드러운 물 소리의 화음
보에 가까워질수록
다시 만나 고요히 흐른다

수면에 비친 높은 봉우리
숲과 농가들 한 폭의
풍경화로 다가올 때
평화가 산소처럼 퍼진다

여름 들녘

여름 들녘은 신의 정원
주인 손길 사라진 밭
하얗게 핀 개망초꽃들
순백의 아름다운 장관(壯觀)이다

스쳐 가는 바람에 초록 잎들
햇빛 받아 살랑이는 은빛 춤사위

둔덕에 달맞이꽃
작고 노란 애기똥풀
진한 파랑의 달개비꽃
희고 작은 미나리꽃

피 빛깔의
짙고 선명한 범부채
원추리와 참나리꽃
마당 풀밭에 조롱조롱
매달려 있는 꽈리들

초록 나뭇잎 가지에
매달린 분홍빛 긴 타원형

단풍꽃이라 불렀더니 열매씨앗이래

저만의 빛깔로 핀 여름 꽃들
강한 생명력 앞에 보이지 않는
신의 손길이 머무르는 여름 들녘

자귀나무

하늘 향한 자귀나무
가지 끝에 15~20개의
작은 꽃이
우산 모양으로 달려 있다

기다란 분홍 수술이
술처럼 늘어져
담홍색 꽃을 피우는 꽃

폭염을 잠재우듯
작달비 내린 뒤
자귀나무 꽃 위에
검은 나비 두 마리
날개를 펼쳤다 접었다 하며
팔랑거린다

꽃과 나비
사랑으로 부부의 금슬을
맺으려는 것일까

*작달비: 장대처럼 굵고 거세게 좍좍 내리는 비

저녁 하늘

옅어지는 청빛 하늘
검은 구름 산처럼
어깨동무하고
옅은 노을이
지상에 가까울수록
곱게 펼쳐진다

서서히 밀려드는 어둠 속에
오늘이라는 하루의 삶
희로애락의 순간들

자연이 그린 수채화로
마음을 정화시켜
감사라는 생명의 꽃을
가슴에 품는다

별 헤는 밤

별이 보고 싶어
정원으로 나왔다

열기를 식혀 준 소나기에
물기 머금은 잔디의 촉촉함
시원하게 불어오는 바람
하늘을 올려다보며 별을
찾기 시작했다

구름 낀 광활한 하늘
희미한 별이 보일 듯 말듯
별 하나
별 둘
별빛조차 가늠할 수 없어
별 열 아쉽지만 포기다

마지막 날 밤늦은 시간
별을 보기 위해
살며시 현관문 열고 나오니
높고 드넓은 청빛 하늘에
셀 수 없이 반짝이는 별들

라일락 나무 밑
너럭바위에 앉아
별 하나마다
그리운 얼굴들 떠올리며
추억과 사랑을 반추한다

호접란

쭉 뻗은 줄기에 꽃모양이
나비를 닮았다는 호접란
노란색은 나비들이 무리지어
살포시 앉아 있는 듯하다

진분홍 호접란 가장 큰 키에
줄기마다 조롱조롱 보석처럼
매달린 꽃망울 터뜨리며
아름다움을 과시한다

이국적인 분위기를 자아내며
우아한 자태를 뽐내더니
폭염 속에 견디지 못하고
날개 접듯 시들어 떨어지고 만다

말라버린 가지를 가위로 자르며
다시 꽃 피울 날의 기대로
꽃말을 떠올린다

행복이 날아온다
당신을 사랑합니다

나뭇잎의 속삭임

연둣빛 새순이 돋으면
생명의 탄생을 축복하는 거야
잎이 자라고 녹색으로 변하면
쑥쑥 자라는 키와 함께
맑은 영혼의 샘도 가져야 해
잎이 노랗고 빨간 단풍잎으로
변하면 아름다움과 사랑하는
마음을 고이 간직해야 해
잎이 갈색으로 변할 때
떠날 때를 알고 순응하는 거야
잎이 떨어져 낙엽이 되어
앙상한 가지를 바라보더라도
슬퍼하거나 탓하지 마
새 생명의 탄생을 위한
자양분이 된 후 영원한
빛으로 사는 거야

삶의 여백

마음 깊은 곳에
윤슬의 호수 만들어 놓고
잔물결을 바라보고 있으면
돌아갈 수 없는 유년의
어린 소녀를 만난다
60촉 전등 빛에 눈을 뜨면
하루도 빠짐없이 놋그릇에
깨끗한 물을 담아놓고
두 손 모아 기도하던 손
멀어지는 발자국 소리
잠에서 깨어나 신작로
길로 나서면 반대쪽에서
인두로 정성들여 다림질을 한
하얀 모시 한복을 입은 쪽진
머리의 새벽기도를 다녀오는 할머니
달려가 품에 안기던
큰 눈에 동그란 얼굴의
단발머리 소녀
반짝이는 새벽별이 되어
지켜주겠다던 할머니 목소리
별을 사랑하는 소녀는

세월 속에 할머니가 되어
도심의 새벽하늘에서 잃어버린
별을 찾고 있다

멈춤의 시간

십오 년의 시간
아홉 명의 단원으로 7중주
공연하던 엣지 오카리나 앙상블
11월 늦가을 둘째 주 토요일
해체식이라는 세 글자로
다섯 명이 모였다

세미원을 시작으로
예술의 전당 야외공연장
과천 노원 예술회관 조선대 음대
아동문예 문학상 시상식
홍콩 5개국 연합 공연 행사 등
각자 맡은 역할로 화합과 화음을
이루었던 날들의 보람

조선대 음악관 연주와 사진
그때를 떠올릴 내 글을 찾아 만든
재원선생님의 정성이 담긴
책갈피 선물

열 손가락에 피어나는 선율의 꽃

깊은 울림으로 한마음 되는
엣지의 오카 사랑의 날!

세월의 흐름에 멈춤의
시간이지만 함께 라서
감사한 날들이어라

폭우

호우경보가 내리고
우르르 쾅
천둥소리가 들린다
번쩍 번쩍
번개가 친다
주룩주룩
장대비가 쏟아진다

콸~콸콸
멈출 줄 모르는 수마의 소리
인간의 이기주의에
신이 철퇴를 내리는 걸까
아수라장이 된 출근길
물에 잠긴 자동차들

하수구에 빨려 들어간
오누이의 실종 소식
신림동 반 지하 수몰로
장애인 가족 3명 사망뉴스
가난도 서러운데 생명까지 잃는
재앙까지 빗물이 눈물로

흘러내린다

물 폭탄 앞에 아연실색
신이여 용서 하소서
꿇어 엎드려 빌면
너그럽게 노여움을 푸실까

기억 너머 저편

아득한 날
소리 없이 찾아온
기억 너머 저편에서
들릴 듯 말 듯
바람결 타고 내려온
너의 목소리
고개 들어 하늘 보니
가없는 청빛 하늘에
희미한 낮 반달
홀로 외로이 떠 있구나

폭우와 천둥

먹구름이 밀려오더니
빗소리 커지며 세차게 퍼붓는다
순간 우르릉 쾅 천둥소리
온난화로 세계적 기후 위기
극한 기상 현상들

지친 심신에 오전 내내 두세 번
낮잠을 자고난 후에야 떠지는 눈
일상이 오후로 밀린 날들

울적하고 나약해진 몸과 마음
올곧게 지키라고
천지를 진동하는 천둥소리가
쿵하고 심장에 꽂혔을까

매미 울음소리

여름의 전령사 매미
땅 속에서 십년 땅 위에서 한 달간
밤낮을 가리지 않고 세레나데를 부르며
치열하게 살다 생을 마감한다

매미울음소리는 수컷이다
말매미 여름 내내 일정한 소리 길게 큰 소리를 낸다
"쐐 ~~애애애애애~" "끼이이이이~~"
쓰름매미 "쓰-름 ~쓰-름" 우렁찬 소리
참매미 "미음 미음 미음 미음 메~" "맴-맴-맴-맴~ 매애앰"
애매미 "르르르르르르르르르. 와아치. 르르르르르 와아치"
"르르르르스피이" "피오츠츠츠스스…" 새소리로 들린다

매미는 장마에 잦은 비가 올 때
합창군무로 존재감을 소리친다
햇살에 젖은 날개 말리며 체온을 높여가며
최선을 다하는 삶을 일깨워주는 매미 소리

나이아가라폭포

유유히 흐르던 강
말발굽 절벽에 이르자
천둥소리 같은 굉음
거대한 물기둥으로
낙하한다

하얀 물안개 하늘가로
피어오르고
물보라 철썩
물폭탄 맞은 관광객들
탄성과 비명 노랫가락까지
화음을 이룬다

에메랄드빛 속살 여미며
휘감아 돌아 나온 강물
평화로이 흘러가고
저공비행하는 갈매기들의 날갯짓

삶의 한 순간
폭포가 되더라도
다시 흘러가는 강물이 되기 위해
자연 앞에서 겸손을 배운다

난의 질문

봄날
괭이밥을 걷어내고
썩은 뿌리 도려낸 남편의 분갈이

마흔두 개의 난 화분이 줄지어 늘어서 있다
여린 새 촉들이 쏙쏙 올라오더니
십오 센티미터 자 길이만큼 자랐다

무심으로 잎이 마르고
고양이가 싹뚝 잘라 먹은
상처투성이 잎들도 진초록으로 물드는데

눈에 띌까 말까
말라 죽은 어린 난 곁에 뾰족이 나오던
새 촉이 말라 고개를 떨구고 있다

작년 여름
한더위에 갈색으로 말라 죽은
어린 난이 묻는다

생명을 가꾸는 일이 소중한 걸

아직도 모르니

불에 덴 듯 뜨겁다

빛과 그림자

순백의 눈이
정결함으로 세상의 속됨을
정화시켜 아름다운 빛이 될 때

화가는 캠퍼스에 붓질을 하고
사진작가는 영상을 담고
시인은 정감의 언어로
여백을 채워간다

순백의 눈이
쌓이고 쌓여 하중으로
어둠의 그림자가 될 때
하늘 향해 뻗어 오르던 나뭇가지들
탁 ~ 툭 꺽어지는 소리

기쁨과 슬픔
희망과 좌절
삶과 죽음
자연이 일러주는 공존의
의미를 음미한다

나를 만나는 시간

한밤중 잠에서 깨어나
메모한 수첩을 뒤적인다

흘려 쓴 글씨
기억의 편린들
떠오르는 순간

살아있음의 증거라고
감사하라한다

다양한 빛깔의 감정에서
곱고 순결한
정서를 찾아내라한다

빛을 향해 걸어가는
삶을 정갈하게 다듬어
맑은 영혼의 시 한편
건져내라한다

3부

그냥이라는 말

낙화

베란다 바닥에 흩어져 있는
선홍빛 제라늄 꽃잎
빛깔 고와 마음 아리다

한 잎 한 잎 정성스레
손바닥에 올려 놓고
애잔한 눈빛으로 바라본다

생명을 잃더라도
향기는 남는다고
코끝을 스며들며 속삭인다

세상 떠날 때
내 생애 받아온 사랑을
감사와 축복의 향기로
남겨 놓으라 한다

어둠을 비추는 사람들

영화 '부활'의 구수환 감독
이태석 리더십학교에서
〈전쟁에서 펼친 섬김의 리더십〉
우크라이나에서 목숨을 걸고
피난민을 탈출시킨 아르맨 씨를 소개한다.
우크라이나 전쟁 발발 후 난민들과 전쟁고아를
돌보는 미국인 사업가 아르맨씨의 사연을 듣고
감동하여 돕기를 시작한 두 사람의 인연

아프리카에 희망을 심은 성자,
이태석 신부의 사랑과 나눔이 하늘빛이라면
이 두 분은 밤하늘을 비추는 별빛이 아닐까

우크라이나 판 '쉰들러 리스트'라고
불리는 아르맨 매일 같이 1500킬로미터의
거리를 오가며 탈출시킨 사람은 300여명
미국인이지만 지금도 우크라이나에 남아
전쟁고아와 부상당한 군인들의 친구가 되어
도움을 주고 있다
이태석재단 도움으로 전쟁고아를 위한 학교를
건립할 예정은 수단 톤즈를 떠올린다

최근 러시아의 공격으로 아르맨씨가 돌보던
아이 5명의 사망, 러시아의 공격을 피해가기 위해
9시간을 걸어 폴란드 국경으로 이동
갑자기 국경이 폐쇄되어 10시간을 기다리는
험한 여정 끝에 한국을 방문한 그분의 귀한 사랑

만나기 전부터 사랑했습니다.
"사람이 할 수 있는 가장 위대한 일, 그것은 사랑입니다."
이태석 신부님의 목소리가 소리 없이 들린다

그냥이라는 말

그냥이라는 말
얼마나 좋은 말인가

변화없이 그 상태 그대로
해가 뜨고 별이 반짝이듯
영원히 함께라는 말

그런 모양으로 줄곧
있는 그대로를 인정하고
소중하게 생각한다는 말

아무런 대가나
조건 없는 의미 해석
맑은 영혼과 순수함을
귀하게 여긴다는 말

그냥이라는 말에는
아낌없이 주는 사랑이
생명처럼 숨쉬고 있어
그리움과 행복이 공존하니
얼마나 좋은 말인가

달빛에 잠기다

효석 달빛 언덕에 가면
잊고 살았던 기억 속
그리움이 달빛으로 물든다

구름이 부서지더니
구름사이에서
둥근달이 보이네

눈으로 읽다 가슴 먹먹해져
달빛 실루엣 응시하다
창 밖으로 시선을 돌리니
연인의 달이라는 달 모형

젊은 날의 달빛 정경 되살려
몽환적인 분위기 속 아스라이
멀어져가는 두 그림자
오십 년 전 세월의 한순간이
달빛에 잠겨 사라진다

신은 어디에 계실까

세상이 혼란스럽다

인의예지가 사라진지 오래
정의를 팽개친 오만불손의
인간들 기고만장이다
상식을 걷어찬 무리에 맞서지 못하고
남 탓하기에 바쁜 인간 군상들
탓한들 뭐하랴 소 귀에 경 읽기지

역주행의 날벼락으로
생명을 잃은 자들의 애통함
폭우 속에 떠내려간 우울한
사연들을 접하는 안타까움

"우리애 무릎만 까져봐"
학부모 무서워 운동장 잠그는 학교들
싸우는 아이들 말려도 항의 전화
교육은 백년대계라는 말 무색하다

아이러니한 세상
여기저기서 들리는 한탄의 소리
심호흡으로 답답함을 해소하며
보이지 않는 신의 손길을 기다린다

악성 베토벤을 만나다

'인생의 불협화음을 연주하다'

제목이 던져주는
불행과 고뇌를 극복한 그의 생애
두 시간동안 만나고 돌아오는 밤길

열등의식에 사로잡힌 아버지의 학대와
우울증으로 베토벤 17살에 세상을 떠난 어머니
알코올 중독인 아버지 대신 그 나이에
청소년 가장이 되어 두 동생을 보살핀 베토벤

실러와 괴테와의 인연
영화로 나온 〈불멸의 여인〉과의 이별의 상처
32세 죽을 결심으로 유서도 쓰고
교향곡 3번 나폴레옹을 위해 작곡한 곡
황제즉위 소식에 격분하여 바꾼 제목인
영웅은 독일 민중노래로 바뀌었다

영화 「카팅베토벤」 운명을 대하는 태도
청력을 잃은 후에 명작 탄생
교향곡 9번 합창 교향곡이 주는 메시지

1827년 베토벤의 장례식 장면
2만명의 군중이 장례행렬을 따랐다 한다

'나를 죽이지 못하는 고통은 나를 더 강하게 만든다'
니체의 말과 함께 마지막으로 다시 들려준 비창 2악장
26세 청각이 상실되기 시작하던 때
작곡했다는 슬픔을 간직한 아름다운 곡

자동차 소리와 가로등 불빛이
벗이 되어 홀로 걷는 길
집까지 걸어온 사십분 베토벤이 되어
피아노소나타 8번 비창 곡을
수없이 흥얼거리며 왔다

축복

이천이십사 년 팔월 스무날
첫 손녀 탄생 소식
늦은 나이에 할머니라는 호칭의
선물을 받은 날 가슴 벅차다

가족 카톡에 아기 사진이 올려오길
기다리며 설레기도 한다

출산 전부터 의사선생님이
아빠를 닮았다고 말하는 며느리
신기하다는 듯 너무 닮았다고
아들보고 딸 바보라고 부른다

하루하루가 다르게 커가는 모습
이주간의 배냇짓에 미소 지으며
감사와 함께 감탄 연발이다

삼 주차 발갛게 돋은 얼굴 사진
태열이라며 힘든 표정에 안쓰러운 마음

새 생명의 탄생 얼마나 큰 축복인지
오십 일 지나면 보여주겠다는 날을
기다리며 아기의 건강을 기도한다

초가을 비

빗방울의 전주곡이 되어
내리는 가랑비 반가움에
두 손을 활짝 펼쳐 반긴다

짧은 순간 소리 없이 젖어드는
열기를 식히는 시원함

마주보고 걸어오는 이
반대 길에서 걸어가는 이
우산을 손에 쥐고
비와 친구하며 간다

오랜 목마름을 적셔주듯
이른 새벽 빗소리가
잠을 깨운다

저녁까지 들려오는 빗소리
포르테에서 피아노시모로
끝나는 연주곡으로 들으니

비에 대한 고마움과 사랑으로
마음 촉촉해진다

동심을 눈에 담다

열어놓은 베란다 창가
아이들의 함성소리가 들려온다
초등학교 운동장
체육시간 긴 줄넘기 시합에
목청 돋우어 응원하는 모습
반가운 정경에 기쁨이 솟아난다

아이들과 함께했던 사십여 년의
세월이 주마등처럼 떠오르고
가르치는 기쁨 배움의 즐거움
동심과 함께한 삶이 보람이라는
보석으로 간직되어 있음을

등하교 길 아이들 모습
노래 소리와 악기 연주소리
점심시간이면 왁자지껄 신나게 뛰어노는
모습까지 동심을 바라보고 사는 인연에
어찌 감사하지 않을 수 있으랴

꽃무릇길

높아진 하늘
중앙공원 산책길
가을 만개꽃이라 불리는
꽃무릇길이다

징검다리를 건너
산책로로 들어서니
화려한 아름다운 곡선과
강렬한 붉은색 꽃잎이 반긴다
꽃만 있고 잎이 없어서일까
잎 대신 낙엽만 쌓여 있어
쓸쓸함이 묻어난다

분당천보도 2교에 이르자
붉은 융단을 깔아 놓은 듯한
풍경이 펼쳐진다
순간 눈에 들어오는
상사화라는 작은 팻말

옛날 사찰 젊은 스님이
불공드리는 여인에 향한
무산된 사랑으로 죽음을 선택 후
무덤에서 붉은 꽃이 피었다는 전설

꽃이 필 때는 잎이 없고
잎이 날 때는 꽃이 져버려
이룰 수 없는 사랑의 슬픈 꽃
가슴이 저려온다

가을날의 선물

거울 앞에 서서
선물로 받은 롱스카프
목에 두르니 참 이쁘다
설레는 마음에 무늬와 빛깔이
한 폭의 그림으로 펼쳐진다

옥색 빛 하늘에는
흰 구름이 떠 있고
청빛 바다에는
흰 파도 밀려온다
오렌지 빛깔
노랗고 빨갛게 물들어가는
은행나무 잎과 단풍잎
테두리는 선명한 붉은색이다

하늘처럼
바다처럼
단풍처럼
자연을 닮은
맑은 영혼으로 살아라고
주신 것이리라

부드럽고 따스한 촉감
귀하고 좋은 것은 다 주고 싶은
마음이 담겨진 스카프를 목에
두르면 행복이 산소처럼 번진다

단풍 설경

온 세상을 뒤덮은 하얀 눈
부드러운 가지 위에 소담스럽게
덮은 흰 눈 사이로
아름다운 자태의 여인이 된
단풍잎들이 수줍게 얼굴을 내민다

가을과 겨울의 길목에서
가을 단풍과 겨울을 맞는
흰 눈의 조화로움
자연이 빚어 낸 신비와 오묘함을
포착하여 탄성을 자아내게 한
사진작가의 심미안이
상상의 세계로 이끈다

서예작가의 한 시 한 편이
낭송되어 흥을 돋우고
판소리 조예가 깊은 이는
한 폭의 동양화로 묘사한다
빨간 단풍을 포근히 안아 주는
백설 환상이라는 여류 수채화
화가의 감탄 눈빛의 영롱함

자연이 주는 신비함에
예술이라는 창작이 어우러져
아름다움을 만끽하니 행복지수가
절로 높아진다

국화꽃

베란다 정원
노란 국화꽃이
수줍은 듯 피어
웃고 있다

아가를 맞이하려고
꽃망울을 틔우더니
방긋 웃는 얼굴 반기듯
꽃을 피워낸다

자고나면
아가 웃음 닮은
노란 국화꽃들이 피어나
건강하게 잘 자라라고
축복의 눈길을 보낸다

사랑스러운 아가와
가을 국화꽃으로
맞이하는 새벽
신의 선물이리라

옛 추억

카톡에 올라온 둥근 보름달
환한 빛으로 내려다보고 있다

달빛 아래 말없이 걷던 길
한 폭의 수채화로 그려지고

겨울바다 비추는 달빛의 연가
파도소리에 실어 나직이 읊던
자작시의 운율 귓가에 맴돈다

은은한 미소를 머금고
기억속의 얼굴로 찾아온 보름달

그 가을

고개 들어 올려다 본
청자 빛 하늘
맑은 영혼
바람결 따라와
나직이 속삭인다

아득한 기억의 저편
침묵의 미소가
나뭇잎 사이 햇살로
번진다

하얗게 밤을 지새워
쓴 손편지 속
곱게 물든 설악산
첫 단풍잎 한 장

미라보 다리 아래
세느강은 흐르고
한 편의 시로
마음을 전하던
그의 목소리가 들리는

그 가을

누군가 널 위해 기도하네

음악이 위안이 되는 시간
수마에 생명과 집터를 잃은 이들의
슬픈 사연 마음 적실 때
찬양곡을 틀고 눈을 감는다
눈가 젖어올 때 두 손을 모으면
돌아오지 못한 먼 길 떠난 사람들
환한 길로 인도하는 주님의 음성

눈물이 빗물처럼 흘러내릴 때
가사 따라 먼 길 찾아 떠나면
어둠이 집으로 돌아가는 새벽녘
60촉 알전등 아래 잠든 손녀 머리맡
두 손 모으던 할머니
언제나 날 위해 기도하셨지
쪽진 머리 정갈하게 다려진
하얀 모시 옷 입고
새벽기도 가는 발걸음

빗방울 같은 음률의 피아노 소리
신의 목소리로 들려오는 첼로의 선율
가슴 길을 타고와 사랑으로 감싸안는다

구월 어느 날

팬데믹 세상에서
작은 위안의 시간

식탁에 홀로 앉아
목젖을 타고 흐르는
생 주스 한잔
블루베리 빛깔 곱고
바나나 맛 향긋하다

시야 속 소품 같은 풍경
베란다 창가로 스며든 아침 햇살
물기 머금은 난 잎들 반짝인다

그림자 밀고 들어온 직선의 빛들
거실 한 면을 밝게 채우고
우아한 자태로 앉아있는 고양이
클래식 선율에 잠긴다

평화의 시간을 지나
조간신문과 인터넷 뉴스로 향하니
무질서와 오염된 군상들의 궤적
요동치는 감정은 분노로 타오르고
2020년 대한민국의 자화상 앞에
사방이 블루로 물들어간다

순간
이슬처럼 사라진 영롱함의 비애
초록 잎들만 제자리를 지키고 있다

단풍잎 사진

무더위를 밀어내고 가을 소식
싣고 온 카톡 사진 한 장

  당신이 그리워
  가을이 왔습니다

캘리그라피 예쁜 손글씨 아래
단풍들이 줄에 매달려 늘어서있다.

여름과 헤어지지 못한 녹색 잎맥에
스며든 갈색 잎 단풍 이별의
전주곡인 첫사랑일까

고운 빛깔의 노란 자태 위에 얼룩져
뭉쳐진 진갈색 잎 단풍 꽃다운 생을
앗아간 불치의 병일까

붉은 빛으로 물들어 가던 단풍들
손 편지 속에 곱게 찾아와 사랑을
고백하던 젊은 날의 순정일까

암적색으로 번져가는 단풍잎
생의 마지막을 안간힘으로 지키려던
발버둥일까

대답도 없고 볼 수도 없는 곳으로
떠난 내 인생의 가을 단풍잎 인연들
서늘한 바람으로 파고든다

사랑은 생명의 모멘텀

아침이면 안방 문 앞에 웅크리고 앉아
야옹 소리 내며 잠 깨우는 우리 집 봉실이
문 열자 튀어 들어와 비껴 눕는다
오른쪽 엉덩이를 살살 두드리면
뒤집어 왼쪽 엉덩이를 내민다
토닥토닥 리듬을 타는 소리와 함께
골골골골 기분 좋다고 내는 소리
화음을 이루며 하루를 연다
냉장고 문을 열고 참치 캔을 꺼내
밥그릇을 향해 걸어가면 뒤에서
종종걸음으로 따라온다
"고마워요 해야지" 내 목소리에 말귀 알아듣듯
야옹, 야옹, 야옹 사랑스럽다
펑퍼짐한 엉덩이를 내민 저돌적 자세
순간 깍깍깍 소리에 바라보니 베란다 창틀에
까치 한 마리 앉아있다. 마주보고 깍깍
혼자라서 외로운가 야생의 본능인가
까치가 날아가자 캣타워에 올라가
줄지어있는 자동차만 하염없이 바라본다

식사시간이면 식탁 옆에 다소곳이 쪼그려 앉아
동그마한 눈을 크게 뜨고 바라보는 우리 집 봉실이
맨 김 한 장 꺼내 뜯어 내밀면 코로 냄새 맡고
오작오작 씹는 소리 귀엽기도 하다
벌러덩 누워 앞발을 접고 바라보는 행복한 모습
사랑의 교감은 말이 없어도 소리와 눈빛 몸짓만으로도
생명의 언어임을 배우게 된다

매미는 어디로 갔을까

요란한 빗소리
매미들도 질세라 떼창을 부른다
베란다 창틀 아래 옹기종기 모여든
물방울들의 도란거림 귀 기울인
아기 매미 한 마리
비 맞으며 방충망에 붙어 있다
고개 돌려 바라보니 어디로 숨었나
빗방울들 사이에서 비 피하는 모습
감탄과 함께 매미에게 꽂힌 마음
수시로 고개 돌려 바라본다
빗줄기 가늘어지니 매미들 노랫소리
우렁차다
미동도 소리도 없는 아기 매미
비가 그치고 물방울들 하나 둘
다 떠나고 외롭게 혼자 남아 있다

두 시간의 오케스트라 공연을 보고
돌아오니 매미가 간데없다
아침 잠 깨자 방충망 아래
구석까지 살핀다
휴! 살아있을 거라는 안도감
아기매미는 어디로 갔을까

삶엔 정답이 없다

한여름의 열기가
대지를 달구던 날

생이별의 아픔을
두 번이나 안고 산다는
소식을 듣고

네게 물었다
왜 바보같이 살았냐고
변하는 세상에서
변하지 않았을 뿐이라는
너의 대답

세상 편견의 가벼움이
허공 속으로 흩어지는 순간

아득한 기억 저편 너머
고독한 영혼의 수줍던
네가 웃고 있었다

삶의 길에 서서

조문을 다녀오는 길
남은 이들의 슬픔이 파편으로 박힌다
새해맞이 겨울엔
어린 초등 상주를 향한
눈물들이 강물로 이어지고
꽃 잔치로 화사하던 봄날엔
천둥번개의 날벼락이 되어
눈물이 폭우로 부르짖고
지구를 달구는 한여름 칠월엔
어지럼증으로 상실을 달래는
멍한 동공에 가슴 저린다
말없이 사라진 이들이 간
보이지 않아도 가고 있는 길
안개처럼 희미한 길을
오늘도 가고 있다
한 겹씩 벗어 던지고 가볍게 가자
어느 순간 그 끝 길에 서서
걸어온 길 돌아보며 눈 감을 때
감사한 날들이었노라 노래할 수 있길

삼십팔 도의 무더위
매미소리는 사방에서 떼창을 한다

소망

새해엔
호수 닮은 마음으로
살고 싶다

햇살에 반짝이는
잔물결 같은 미소

바람결 춤사위로
내려앉는 나뭇잎의 자태

노을 비껴가는
산등성이의 적막함

달빛 어린 호수 위로
반짝이는 별 하나

두 손 모아
기도하며 살고 싶다

초가을

초가을의 햇살은
향그러움을 머금고
베란다 창문으로 찾아온다
스며든 빛에 기대어
고양이는 졸고 있고

시원한 바람은
상큼함으로
등굣길 초등학생들
발걸음을 가벼이 재촉한다

아파트 고층건물 사이로
구름 한 점 없는 하늘
청색의 바다로 가이없고

뿌연 미세먼지의 봄
불타는 열기의 여름을 지켜 본 뒤
소리없이 찾아와 햇살로 바람으로 속삭인다

지켜보는 나를 향해
일상의 평온을 되찾으라고
나직이 일러준다

춘천가는 길

잔설 묻어있는 산허리에
새벽안개가 허리띠처럼
두르고 있다
남한강 돌아가는 길
얼음 덮인 강물 위로
햇살 쏟아지고
아무도 밟지 않은 길 하나
반기듯 눈앞을 스쳐간다
배움의 기회라는 승리의 징소리가
내면에서 울리며
겹겹의 산들이 성문 열 듯
터널로 열어준다
나이 잊고 문 두드려
달려가는 춘천가는 길
일상을 떨치고 퇴직 후 음악친구와
벗 삼으라고 눈밭의 겨울풍경이
순백의 손을 흔들어준다

4부

하루를 여는 시간

눈밭을 걷다

포슬포슬 내려앉은 눈밭
하얀 세상이 눈부시게 아름답다
앙상한 나뭇가지 위에 소복소복
얹어 놓은 하얀 솜꽃 소담스럽다
아무도 걷지 않은 길만 찾아
혼자 걷는 길
꿈꾸는 삶을 그리고 싶은
마음 발자국으로 남긴다
눈길을 밟을 때마다 들리는 소리
뽀드득 뽀드득 마냥 정겹다

신문

신문을 읽는다는 건
나를 객관화 하고
세상과 소통하는 시간

새벽이면
조선일보 신문을 읽던
아버지의 등 뒤에서 뜻도 모른 채
눈으로 따라 읽던 어린 시절
긴 세월동안 아침이면 찾아오는
평생지기 글 친구다

국내외 소식을 접하며
상상의 나래를 펴기도 하고
쟁점과 희로애락의 사연 속
감정의 질곡과 정서의 순화를
체득하기도 한다

청소년 시기 신문 사설
법정스님의 글을 애독하며
삶에 대해 고민하고
이해불가의 철학서적에
빠졌던 무모함 채색되어
영롱한 빛으로 살아난다

나이 들어 작은 아들이 권해 준
매일경제신문 무심히 넘겨 버렸던
경제와 정치가 눈에 들어오고
바쁘면 주말 오랜 친구 만난 듯
모아 둔 신문 읽느라
시간 가는 줄 모른다

12월을 맞이하며

사서 고생이라는
밀린 글쓰기로
날밤을 새우다
침묵과 고요 속에
눈을 감는다

주마등같이 스쳐
지나가는 시간의 편린들

새벽 야옹소리에
하루 일상이 시작되어
피고 지는 꽃들과의
눈길 대화와 물주기 사랑

아마추어 오케스트라의
분기별 나눔의 공연
여주교도소의 희망의 눈빛들

오가는 길 임대문의
불 꺼진 휑한 점포들
자영업자들의 고통이
바스락 낙엽소리로 들릴 제

잠든 아가가 깨어 우는 소리
품에 안은 손녀 빙긋 미소
자유보다 귀한 행복을 선사한다

보름달 · 2

11월의 가을 밤하늘에
구름을 헤치고 나타난
크고 영롱한 비버 슈퍼 문
고개를 높이 들어
바라본다

보름달을 향해
반짝이는 작은 별 하나
기다림과 그리움을
소리 없이 노래하고

시간이 흐를수록 밤하늘엔
별빛의 눈망울을 향한
보름달의 미소가 그윽하다

첫눈을 바라보며

새벽 세시
잠이 깬 손녀를 안고 서성이다
내다본 창 밖의 희끄무레한 정경
자동차와 나뭇가지를 소복소복
덮은 첫눈이다

백일을 축하해 주려고
하늘나라 선녀들이 하얀 눈을
소리 없이 뿌려 주었나

고요 속에 퍼지는 평화
보이지 않는 신의 사랑에
사르르 눈을 감으며
빙그레 웃는 아가 천사
순백의 영혼 사랑스럽다

대일품

추운 겨울을 이겨낸 베란다 난들
기특하다 칭찬하니 늦여름
하나 둘 일곱 개의 화분에서
꽃대가 올라왔다

이상기온의 폭염 속에서
여름과 가을 두 계절을 버티다
말라붙은 진갈색의 꽃대들

흰 눈이 솜털같이 날리는 날
자줏빛 꽃봉오리 고개 내밀고
길고 가는 잎의 대일품 동양난
연둣빛 꽃대로 미소짓는다

꽃봉오리 떨군 자줏빛 난 그 곁
여린 꽃대에 수줍은 듯 달려있던
아홉 개의 꽃봉오리 인내의 시간
한 송이 두 송이 꽃으로 피어나
우아한 자태로 인사한다

코끝을 스치는 은은한 향기
생명의 고귀함에 사랑담은 눈빛으로
오래 오래 바라보면 내 안에
우주가 열린다

우박 쏟아지던 날

세상이 요상하니
날씨마저 닮아 가나

구름 사이로 햇빛 한 줌
빛으로 비추고

후드득 소리를 내며
길바닥을 강타하는 우박
굵은 소금알갱이를
흩뿌려 놓은 듯하다

폭설을 예고하듯
먹구름 간간이
비를 뿌려대며
혼란을 스케치한다

침묵

침묵은 영혼의 시간이다

세상을 바라보던 탁한 눈은
영롱한 별빛을 향하고

아귀다툼 속에 난무하는
불협화음의 소음은
고운 선율에 씻겨 내려간다

용암처럼 끓어오르던
감정의 소용돌이
시냇물에 실어 바다로
흘러 보내면

자유로운 새 한 마리 되어
지상에서 천상을 향해
날고 있다

모정

체감온도 영하 20도 세탁기 사용을 자제하라는
아파트 관리실 방송이 나온다. 여든 일곱 살 노모
예순의 아들이 벗어놓은 빨래거리를 맨발로 꾹꾹
욕조에 걸쳐놓은 옷에서 뚝뚝 떨어지는 물
힘없는 팔로 짜고 또 짠다. 잠들기 전 방바닥에 깔아놓고
물기 가시면 옷걸이에 말려 입혀 보낸다
허리 피며 중얼거리는 소리 힘들어도 내 아들이라
괜찮다

직장 권고사직 후 중국 가서 중소기업 공장장 시절
삼백육십오 일
하루도 쉬지 못한 수년의 세월 한국 돌아오니 남은 건
빈손과 가장으로서의 책임감 일자리 찾던 생존의 날들
밤잠을 자지 못하는 건 공사판 막노동이 남겨준 어깨
통증이다

여섯 달 일자리 잃고 다시 건설 현장 이동거리 멀어
노모의 거처로 짐 들고 온 지 삼 개월 째 새벽 4시 반
누룽지 반 그릇 비우고 버스정류장을 향하는 아들
베란다 창문으로 지켜보는 노모의 시린 가슴 쓰리다

삼대독자 낳아 세상 다 얻은 게 엊그제 같은데 이 시대 가장이란 이름으로 혼자 짊어진 멍에가 안타깝기만 하다

이른 저녁부터 음식을 장만하고 창밖을 내다보며 아들 기다리는 노모
늦으면 안절부절 핸드폰 손에 쥐고 거실을 배회하다 현관문 벨소리에 함박웃음이 번진다 한밤중 통증에 잠깬 아들 마사지 기기로 문질러 주는 노모의 손길에 노곤한 몸 잠속으로 빠져들고 숨결도 평화롭다

빙하의 절규

생태계의 식품 창고라 불린다는 빙하
급격한 온난화 현상으로 회생불가능 상태로 악화
상처받고 녹아내리고… 앙상해진 빙하의 절규
제목 아래 이어지는 지구 오염의 실체 고발에
두려움이 방망이질한다

굉음을 울리며 부서진 알래스카 빙하
엄청난 눈과 얼음덩어리들 계곡타고 내려와
등반객을 덮쳤다는 키르기스탄 산맥의 주쿠 계곡
하얀 눈과 빙하로 뒤덮여 있어야 할 곳에
흙바닥이 펼쳐져 있다는 스위스 알프스

북극 그린란드의 빙하는 상상초월
반바지 차림의 배구하는 모습
빙하 폭포로 따뜻해진 날씨 탓이래
최근 사흘간 빙하가 녹아 바다로 흘러간 물은 180톤
우리나라 면적의 3분의 2 정도 30센티미터 깊이로
침수시킬 수 있는 거대한 양 산사태 피해는 가늠불가

히말리야 일대 주민들의 생명선인 하얀 빙하 강들
21세기 후반이면 빙하가 녹아내려 유량을 유지할 수 없다
다시 가고 싶은 여행지 네팔 포카라의 안나푸르나 설산
페와 호수가 사라질 수 있다는 빙하 연구자의 외침이
크게 들린다
우리 모두 온실가스 줄이는데 앞장서자고 소리치고 싶다

첫눈

첫눈이 내렸다
세상의 모든 악과 추함을 덮은
순백의 대지 티끌 없이 맑다

함성을 터뜨리며
아파트를 뛰쳐나온
어린 오누이
두 팔 벌려 하늘 향해 누워버린다
동심을 향한 렌즈의 초점
찰칵 소리로 사랑을 담는다

공원을 잇는 아파트 경사길
눈썰매장이 되어
환호와 탄성의 썰매들
서로 밀어내기 바쁘다

요리저리 피하다
어린 딸이 던진 눈송이 맞고
엄지 척하며 웃는 젊은 아빠

오미크론 고립의 거리두기
잠시 잊으라고 내린
신의 축복인가보다

나뭇가지 십자가

초등학교와 유치원을 사이에 둔
공원으로 향하는 굽은 길
하늘 향해 높이 솟은 나무숲에
새들과 매미 주고받는 소리 정겹다

발길 멈추고 내려다 본 길바닥
마른 나뭇가지 십자가 하나
한가운데 놓여 있다
마른 가지 속 까만 빛깔
고난의 상처로 다가올 때
새 소리 매미 소리 멈춘
순간의 적막
빛 바랜 유치원 건물만 횅하다

개원 삼십 년을 맞는 올 새해
꿈을 키우는 동산유치원
패잔병처럼 널브러져 있다
새처럼 재잘대던 아이들 목소리
노란나비 팔랑이던 모과나무
사라진 곳

인구 절벽의 재앙 시대
나뭇가지 십자가가 알려주는 걸까

사진 한 장

전 세계 울린 사진 한 장
우크라이나 전쟁의 참상

사진 속
얼굴이 화약자국으로 덮인 병사가
침대에 누워 있다
최전선에서 중상을 입은
우크라이나 방어군 안드리아 병사
두 눈과 양 팔 청각 일부까지 잃은
피투성이 얼굴 보조장치 두른 목
붕대 감은 잘려 나간 팔
처연한 마음 길을 잃고 헤맨다

옆에 아내인 알리나 눈을 감은 채
그의 어깨에 기대 팔로 감싸안고 있다
'살아 돌아온 것만으로도 감사하다'
한 줄 빛처럼 그녀의 사랑이
세계인의 눈을 관통한다
가슴이 먹먹하다

비가 그치고 태양이 고개 내밀 듯
종전소식 날을 두 손 모아 빈다

석양과 달빛

고층아파트 사이 붉게 물든 석양
동그란 선홍색 아름다움에 홀려
넋을 잃고 바라보니 순간 사라진다

밤하늘 구름 속 희미한 달
돌아서려는 찰나 구름 속 헤치고
노란빛의 환한 보름달 미소 지으며
나를 향해 다가온다

노을빛에 물들던 소녀
침묵 속 달빛에 옛 추억에 잠긴다

집
- 생명의 안식처

새벽녘 박박박 안방 문 긁는 소리 못 들은 척
야옹 야옹으로 바뀌어 그칠 줄 모른다
일어나 문 열고 주방으로 향하자 꼬리 흔들며 따라온다
참치 맛나게 먹고 엎드린 엉덩이 토닥거리다
턱밑과 귀를 쓰다듬어 주면 골골골 뒤집기로
애교 부리다 발라당 누워 집이 천국임을 알린다
두 달된 길냥이 산에서 구출되어 입양한지 구년 째
이름은 봉실이 애칭은 이쁜 아가야다
현관문 소리와 낯선 이만 오면 겁쟁이가 되는 야옹이
찾다보면 안방 침대 이불속에 숨어 겁먹은 눈
어느 땐 이불위에 엎드려 자고 있다
조용히 문 닫고 나오는 사뿐 걸음 애정의 선물이다
베란다 정원에는 하얀꽃과 향기로 봄을 알린 서향
초록잎들이 햇살에 반짝인다
폭염으로 죽어가던 베로니아 새싹과 함께 잎이 나고
긴 겨울 비닐이불 덮고 자던 삼열종대 예순여섯
난 화분 아기 난들의 탄생을 알린다

폭염에 줄기마저 말라버린 문주란 대가족 이루고
나란히 창가를 향한 빨간 꽃송이들의 꽃기린
겨울에도 거실에서 주황빛 꽃을 피운 군자란
세 개 화분 화려한 자태를 뽐낸다
겸손의 제라늄 사시사철 피고진다

삼십 년 된 우리 집 아파트
평화와 사랑이 숨쉬는 생명의 안식처다

잠시 쉬어 가세요

이천사년 오월의 둘째 날
잊고 산 기억들이 발길을 재촉한다

삼십 이년 전 함박눈이 펑펑 내리던 날
근무지 선생님과 편입원서 들고 갔던 길
낯익은 교문을 들어서자 우뚝 솟은 새 건물들
옛 강의실 앞에서 찾은 빛바랜 나무벤치
작은 글씨로 쓰여 있는 안내문을 읽는다

*잠시 쉬어 가세요
사람과 교육연극을 사랑하신 OOO교수님을 기억하며
서울교대 교육연극과 제자 일동*

성호를 긋고 명복을 비는 순간
강사로 오셨던 첫 만남
대학원시절 강의교수님으로 다시 만나
아낌없는 조언과 받은 논문 자료들
배움을 보람으로 느꼈던 날들의
고마운 기억들이 마음을 촉촉이 적신다

평생교육원 강사로 수업하러 갈 때마다
연구실에 들르면 손수 타주던 따뜻한 커피 향기
잊고 산 아득한 날들의 추억
하늘의 별이 되어 반겨주던 모습 볼 수 없어도
따스한 봄 햇살로 기억하리라

겨울꽃

내가 살고 있는 곳
삼천 세대가 사는
아파트 동마다
겨울이면 꽃이 핀다

지상의 모든 걸 덮어주는
하얀 눈꽃이 아닌
빨간 열매가 조롱조롱 매달려
한겨울 꽃으로 탄생한다

노란 꽃을 피워내는 봄날을 지나
잎 푸른 여름을 보내고
물들기 시작한 가을 열매는
한겨울 내내 꽃으로 남아 있다

앙상한 가지만 남은 나무 사이로
오종종 모여 꽃잎을 만든
산수유 열매 꽃

세찬 바람에 흔들리고
눈 폭격에 휘청
바짝 마른 잎 지탱하는
키 큰 나무 곁에서
오가는 이 반겨준다

유치원 하교 길
손자를 들쳐 업고 걸어가는
할아버지의 등 뒤에서
빨간 손 흔들 때 마른 나뭇잎들
바싹거리는 몸으로 서걱인다

몸이 말한다

몸이 신호를 보낸다.
왼쪽팔꿈치 통증으로 노크하고
보이지 않는 묵직한 돌멩이 두고 간다
몸이 들려준 경고를
동네병원과 한의원에 맡기고
열정이라 부르기엔 무모함으로
두 팔을 노예 부리듯 했다

석 달의 시간이 지난 후
몸이 거세게 항의한다
약침에 물리치료
아침저녁 진통제로 거부해도 소용없다.

몸이 용서할 수 없다고 안겨준
오른팔 등쪽의 통증에 항복하고
엠알아이를 찍었다
협착에 가까운 5번 6번 경추
신경을 건드리는 삐져나온 목디스크

수술 대신에
경피적 경막외강 신경성형설 시술
사십이일 간의 약복용후 재진
바쁘게 살던 일상이 일순간 멈췄다

일상이 되어 만나던 모임들
주인의 손길을 기다리며
먼지 묻어가는 악기도
쌓아놓은 책들도 눈으로만 인사한다

입으로만 외치던 과유불급에 손 흔들고
건강 챙기라는 몸의 소리에 끄덕이며
독한 약을 삼킨다

대나무골 친구들

매월 마지막 토요일 '행복연합군' 이라 부르는
고교동기모임
이십오 년 지속에 십 년 넘도록 만남의 장소인
서초 대나무골
연이어 나오는 음식들 다 먹을 정도로 길들여진 맛집이다
식사 후 단골 카페로 옮겨 차 마시며 이야기꽃을 피운다
단체사진 촬영과 포토존에 뽑힌 사진 '나이야 가라' 다
이런저런 이유로 서로 찻값을 내려하니 순번이 정해진다
연 2회 회비입금 두 글자에 회장님 수고에 감사 글
주렁주렁

퇴임 전 절친 권유로 평일날 모임이라 회비만 내다
퇴임 후 토요일로 바뀌어 한 달 건너 빠지손이지만
만나면 반갑고 정 나누는 모습에 마음 환해진다
뜨개질한 수세미. 보온물병. 머플러. 손수 만든 면지갑
설날 돈 봉투로 홀로 된 친구들의 외로움 감싸기
인견 속옷으로 모든 친구에게 여름 더위를 식혀주기도 한다
손자 손녀 재롱 사진과 상장에 쏟아지는 축하 글
몸이 아프다면 걱정과 위로의 글들이 카톡을 도배한다
복 많은 내게 친구 복까지 넘쳐 감사하고 행복하다

새들은 어디로 날아갔을까

새들이 떠난
적막한 겨울 숲
할퀴고 지나가는 바람에
나목은 떨고 있다

푸르던 가지 사이를 날아다니며
새벽을 깨우던 새들의 노래
북풍에 쫓겨 날아가 버렸나
둥지 잃고 쓰러져 파닥이고 있나

눈밭위에 찍힌 발자국
목울음 자줏빛 점으로 남겨 두고
새들은 어디로 날아갔을까

하얀 눈 폭탄 아래서
올려다보는 나무 환각 속
산등성이 날갯짓 향해
빌고 비는 어미 심정으로
마냥 서 있다

슬픔 그 너머에

장맛비가 내리던 날
한 줌의 가루가 되어
너는 떠났다

사투를 벌이는
생의 마지막 순간까지
애써 외면한 내 마음

그 깊은 곳에
빗물이 눈물 되어
고인 작은 샘 하나

견우직녀 만난다는
칠석날 눈 감으며
고독한 네 영혼은
어디로 떠났을까

보름 달빛이 되어
샘을 비출까
파도 소리로 잔물결의
시를 그려낼까

그 가을 날
손 편지에 넣어 보낸
붉은 단풍잎으로 찾아올까

슬픔 그 너머에
추억의 샘이
아릿한 맛으로
회환을 다독여 줄까

창가에 기대어
쏟아지는 빗줄기만
바라본다

어디로 사라졌을까

낯익은 거리가 생소함으로 다가올 제
생의 활력 넘치던 점포들 뽀얀 먼지를 둘러쓰고
해를 넘긴다.

터줏대감 자리를 지키던
대로를 마주한 교복 매장들
은행 점포들 슬그머니 사라지고
경쟁하듯 줄을 잇는 스마트폰 가게
몇 달 만에 흔적도 없다

밤늦은 귀가를 앞둔
학원가 학생들의 호호 입 불며 먹던
하루 일과를 마친 이들이 잠시 머무르던
스물네 시간 밤을 밝히던 김밥 분식집

나란히 불빛 밝히던 점포 깔세로
생활용품 늘어놓다 문 닫은 지 오래
가끔 퇴근 길 들리던 한산하던 서점
모두 굳게 닫혀 있다

한 줄 김밥이 생각나는 오늘
북적거리던 그 발길들 쓸쓸함으로 지나쳐 버리듯
살 길 막막한 심정으로 떠났을 이들이 안타까웠을까
검은 그림자의 황량함만이 정류장 불빛에 어른거린다

하루를 여는 시간

이끼 낀 징검다리 사이로
개울물 흘러가는 청량한 가을 아침

바르게 살자 새겨진 너른 광장 옆
소나무 숲 아래 호흡 가다듬고
부드러운 동작으로 신체를 움직인다

하늘보기라는 말에 올려다보면
소나무 가지 사이로 쏟아지는 햇살
옥빛 하늘 아래 구름 한 점 노닐고
맑은 마음으로 살고자하는 마음의
소리 들린다

고개 돌린 시야 가득한 호수 풍경
꽃잎 열리듯 뿜어내는 분수의 물줄기
오리 떼 줄지어 유유히 떠다니고
반짝이는 물결 위로 붉은 단풍잎
핑그르 맴돌다 떨어진다.

둥글게 모여 마주보고 인사하면
조금씩 낯익어 가는 얼굴들
손뼉과 함께 반가운 눈빛으로 생기가 돈다

정비된 등산로를 따라 빠른 걸음으로
두 번 오르내리고 집으로 향하는 발걸음
오랜 세월 무심했던 몸의 신경들이
잠에서 깨어나 환호하는 아침

공원길은 생의 열기로 넘쳐난다

◆ 해설

홍영숙 시인의 꽃잎 속에 숨은 우주의 문법

정연수
(시인·문학박사)

 홍영숙 시인의 작품 세계는 자연과 인간, 그리고 존재의 본질을 탐구하는 깊이 있는 성찰을 다루고 있다. 꽃, 나무, 강, 폭포, 비, 계절 등 자연의 다양한 이미지를 통해 인간의 복잡한 감정과 삶을 풀어낸다. 단순히 자연의 아름다움을 묘사하는 방식이 아니라, 자연을 매개로 인간과 삶의 의미를 철학적으로 고찰하는 데 방점을 둔다. 삶과 죽음, 상실과 치유, 고통과 성장은 이번 시집에서 빈번하게 등장하는 주제로서 인간 존재와 삶의 본질을 새롭게 돌아보는 기회를 제공한다. 꽃이 피거나 지는 과정, 혹은 비와 바람 등을 통해 삶의 여정에 접근하면서 사랑과 감사의 울림들을 담았다. "호수 닮은 마음으로/살고 싶다"(「소망」)는 마음은 내면의 평화, 호수처럼 고요한 삶, 자연과의 조화를 향한 시인의 지향점을 잘 보여준다. 또, "걸어온 길 돌아보며 눈 감을 때/감사한 날들이었노라 노래할 수 있길"(「삶의 길에 서서」) 바라는 마음은 긍정적 가치관을

'감사'란 시어로 대체한 것이다. 이러한 시들은 단순히 개인적 감상의 정서를 넘어서서 대사회적이고 철학적인 울림으로 나아가는 의미를 행간에 담아 공감대의 확장에 나서고 있다.

> 베란다 바닥에 흩어져 있는
> 선홍빛 제라늄 꽃잎
> 빛깔 고와 마음 아리다
>
> 한 잎 한 잎 정성스레
> 손바닥에 올려 놓고
> 애잔한 눈빛으로 바라본다
>
> 생명을 잃더라도
> 향기는 남는다고
> 코끝을 스며들며 속삭인다
>
> 세상 떠날 때
> 내 생애 받아온 사랑을
> 감사와 축복의 향기로
> 남겨 놓으라 한다
>
> －「낙화」 전문

이 시는 꽃의 죽음을 통해 삶과 죽음의 의미를 탐구한다. 첫 연에서 "선홍빛 제라늄 꽃잎/빛깔 고와 마음 아리다"라는 구절에서는 불안과 아픔이 표현되는데, "마음 아리다"라는 구절을 통해 삶의 덧없음을 낙화의 안타까움으로 드러낸다. 제라늄 꽃잎을 "한 잎 한 잎 정성스레/손바닥에 올려 놓고" 바라보는 행위는 생명과 죽음의 경계에 대한 섬세한 묘사이기도 하다. 유한의 존재를 자각하는데도 불구하고 허무에 빠지지 않는 정신이 돋보이는 작품이다. "사랑을/감사와 축복의 향기로/남겨 놓으라 한다"는 메시지는, 죽음 앞에서도 육체적 존재의 한계를 넘어서는 흔적의 가치를 강조한다. 꽃의 낙화를 통한 삶의 비유는 자연의 순환 속에서 마주하는 인간의 생애와 존재 의미를 은유적으로 보여준다.

> 우주의 질서 속에 펼쳐지는
> 아름다운 자연의 정경
>
> 평창강 물 소리도 질세라
> 노래를 부를 제 강 둔덕
> 이름 없는 풀꽃이 되고 싶다
>
> ―「어느 날 아침」 부분

이 시는 인간이 자연과 함께 존재한다는 인식을 넘어서서 자연 속으로 들어갈 것을 주문하는 작품이다. "새벽녘 잠 깨우는/산골마을의 새 소리"에서 시작하여, "이름 없는 풀꽃이 되고 싶다"로 끝맺는 작품 구조가 시인의 의도를 선명하게 보여준다. "우주의 질서 속에 펼쳐지는/아름다운 자연의 정경"은 자연을 바라보는 시각을 확장하며, 우주의 질서 속에서 개인의 삶과 자연의 순환이 맞물려 있다는 철학적 깊이를 드러낸다. 자연이 빚어내는 "새 소리", "평창강 물 소리" 등은 깨우침을 향한 죽비의 소리에 닿아 있다.

소리의 의미는 「풍경 소리」란 시에서 한층 더 깊어진다. "산사의 풍경 소리/솔바람 소리 새 소리/흐르는 물 소리 어우러져/무념무상의 고요 속/눈을 감고 마음의 소리를/들으라"라는 구절은 자연의 소리가 정신적 평화를 가져온다고 제시했다. '눈을 감고 듣는 마음의 소리'는 자연의 소리이자, 내면의 고요함과 연결되는 소리이다.

> 무더위에 꽃 한 송이 피우지 못한
> 게발선인장 노란 비닐 이불 덮어쓰고
> 찬 겨울을 견딘다
> 햇빛 따사로운 오후 숨 좀 쉬라 하니
> 잎마다 분홍빛 꽃봉오리 달고
> 수줍은 듯 고개 숙이고 있다
> 영하의 추위에 봄을 알리는 꽃소식
> 동공이 커지는 순간
> 가냘픈 여린 잎 마디 꺾인 채
> 바닥에 떨어져 신음하고 있다
> 유리잔에 담아 주방 창가에 올려두고
> 사랑의 눈빛 보내니
> 시든 잎 생기 돋아 한 잎이 두 잎
> 쌍둥이 연이어 낳는다
>
> ―「게발선인장」 부분

이 시는 게발선인장의 생명력을 통해 기다림과 희망의 미학을 묘사한다. "무더위에 꽃 한 송이 피우지 못한/게발선인장 노란 비닐 이불 덮어쓰고"라는 첫 구절은, 혹독한 환경에서 살아남기 위한 인내와 고통을 드러낸다. 고난을 견뎌내며 "사랑의 눈빛 보내니/시든 잎 생기 돋아 한 잎이 두 잎/쌍둥이 연이어 낳는다"라는 성장과 결실의 경지에 이른다. 이는 사랑과 보살핌이 어떻게 생명력으로 전환될 수 있는지를 보여주는 사회 공동

체를 향한 메시지이기도 하다.
 사회 공동체의 지향점을 보여주는 또 다른 작품으로는 「그냥이라는 말」을 꼽을 수 있다. "그냥이라는 말에는/아낌없이 주는 사랑이/생명처럼 숨쉬고 있어/그리움과 행복이 공존하니/얼마나 좋은 말인가"라는 시는 마음을 표현하는 단어 '그냥'에 주목하고 있다. '그냥'은 복잡한 설명 없이도 사람들 간의 깊은 정서적 관계가 가능하다고 본 것이다. 사회적 관계 속에서 복잡한 감정들을 헤아리면서 삶의 본질적인 부분인 '사랑, 그리움, 행복' 등을 성찰하는 것이다.

우리 집 베란다 정원
봄의 전령사
꽃이 피면 그 향이 천리를
간다는 서향

이월 초
꽃봉오리 쏙쏙 올라오다
한파에 피지도 못하고
가지만 외로이 남더니
어느 날
꽃과 향기로
머잖아 봄이 온다고
거실문만 열면 향기로 말한다

한 달 남짓 꽃보다 귀한
향기에 취하면 연분홍 고운 빛깔
진갈색으로 고개 떨구어도
향기만은 남기겠노라
코끝에 스며든다

마지막까지 자기 소임을
다하라는 소리 없는 울림에
눈을 감고 마음으로 듣는다

-「서향」 전문

　「서향」은 향기라는 감각적 요소를 통해 역할의 의미를 탐구하는 작품이다. "꽃봉오리 쏙쏙 올라오다/한파에 피지도 못하고"라는 구절은 냉혹한 현실을 드러내는데 시인은 환경에 굴복하지 않는다. "어느 날/꽃과 향기로/머잖아 봄이 온다"며 이어지는 구절이 반영하듯, 희망적이고 낙관적 자세를 견지한다. 낙관적 희망을 가능하게 하는 것은 끝 연에 등장하는 "마지막까지 자기 소임을/다하라는 소리 없는 울림"에 있다. 각자가 자기 역할을 다해야 한다는 사회적 메시지를 "향기로 말한다"는 시적 은유로 전달하고 있다.

　'향기'라는 후각적 감각은 이번 시집에 빈번하게 등장한다. "봄날의 식탁 향긋하다"(「봄날의 식탁」)는 시구는 가시오가피, 머위, 돌미나리 등 자연에서 얻은 음식들이 차린 향기를 통해 자연의 생명력을 확인하고 있다. 또 다른 시에 엿보이는 "둔덕에 피어 향기로 맞아주던/하얀 찔레꽃"(「곡선의 미학」)이라든가, "하얀 꽃과 향기로 봄을 알린 서향"(「집-생명의 안식처」) 등에 나타난 향기는 삶의 본질을 상징하는 중요한 요소로 작용한다. "하얀 꽃처럼/순결한 영혼으로 살라는/목소리"(「오월의 꽃」)에 이르면, 내면적인 순수함과 청정함마저 향기에서 기인하고 있다. "생명을 잃더라도/향기는 남는다"(「낙화」)라는 구절은 절창이다. 삶의 흔적이 지닌 강렬함을 향기를 통해 드러내는 것이다. 삶의 가치에 대한 긍정적 자세라든가, 한계를 뛰어넘는 우주적 질서의 힘 역시 향기를 통해 드러나고 있었다. 어떤 철학자는 오늘날의 피로사회가 지닌 대안으로 '시간의 향기'를 제시한 바 있는데, 홍영숙 시인의 향기야말로 복잡한 사회 속에서 지친 삶을 정화하는 향기로 작용하고 있다.

> 받침대에 세워진
> 붉은 자줏빛 긴 타원형
> 화산유리 수석
>
> 연못을 감싸안은
> 길 따라
> 순한 눈망울의
> 소들이 돌아오고
>
> 붉게 물들어 가는
> 노을빛 하늘 아래
> 산중턱 집 두어 채
> 워낭소리 기다린다
>
> ―「풍경」 전문

이 시는 수묵화에다 붉은 빛을 살짝 가미한 평화와 고요가 돋보이는 작품이다. "연못을 감싸안은/길 따라/순한 눈망울의/소들이 돌아오고"에서는 원형의 부드러운 이미지가 평화로운 세상을 노래한다. 또, "산중턱 집 두어 채/워낭소리 기다린다"라는 구절에 이르면, '순한 눈망울의 사람과 소'가 어울려 위로와 그리움과 세계가 조화를 이룬다.

꽃은 말없이 피고 진다/침묵이라는 우주 속에서/순응이라는 구도자의 모습으로//(중략)//침묵의 고요 속에서/평화라는 선물을 안겨준다
            —「꽃은 말이 없다」 부분

떠날 때를 알고 순응하는 거야
잎이 떨어져 낙엽이 되어
앙상한 가지를 바라보더라도
슬퍼하거나 탓하지 마
새 생명의 탄생을 위한
자양분이 된 후 영원한
빛으로 사는 거야
            —「나뭇잎의 속삭임」 부분

삶의 한 순간
폭포가 되더라도
다시 흘러가는 강물이 되기 위해
자연 앞에서 겸손을 배운다.
            —「나이아가라폭포」 부분

「꽃은 말이 없다」는 꽃의 침묵을 통해 소리 없는 고요함이 던지는 지혜를 형상화한다. "침묵의 고요 속에서/평화라는 선물을 안겨준다"는 구절은 꽃이 말하지 않음으로써 오히려 더 깊은 울림을 전달한다는 역설을 드러낸다. 이는 인간의 삶에서 말로 표현되지 않는 것들이 더 큰 의미를 지닌다는 메시지이기도 하다. 평화와 침묵의 메시지는 직선보다 곡선을 택한 시인의 시 세계에 닿아 있다. 다른 시 "자연과의 조화를 이루는 곡선 길/(중략)/곡선의 길을 닮고 싶었나"(「곡선의 미학」)에서처럼, 삶의 여유와 평화를 강조한 바 있다. 직선적인 삶의 목표보다는 "마음 평화롭고 여유롭다"는 유연한 곡선에 더 가치를 두고 있다.

"순응이라는 구도자의 모습"(「꽃은 말이 없다」)은 시인이 궁극적으로 닿고자 하는 세계이다. 순응과 겸손, 우주의 순환질서를 겸허하게 받아들이는 내면의 평화는 시 곳곳에서 드러난다. 「나뭇잎의 속삭임」은 나뭇잎의 생애 주기를 통해 인간 존재와 삶의 변화를 묘사하면서 순응이 지혜를 드러낸다. 나뭇잎이 변화를 통해 생명의 시작과 죽음을 통한 재생의 의미를 강조한다. 자연의 순환을 통해 순리와 순응의 여정을 제시하는 것이다.

「나이아가라폭포」 역시 자연의 경이로움을 통해 삶의 순응이 지닌 지혜를 드러낸 작품이다. 나이아가라폭포의 거대한 낙차와 물보라는 삶의 급변하는 순간들을 상징적으로 담아 낸다. 또한, 인생의 위기나 고난 속에서도 겸손과 재탄생의 가능성을 믿으라는 철학적 깨달음이 담겨 있다.

　　전 세계 울린 사진 한 장
　　우크라이나 전쟁의 참상

　　사진 속
　　얼굴이 화약자국으로 덮인 병사가
　　침대에 누워 있다
　　최전선에서 중상을 입은
　　우크라이나 방어군 안드리아 병사
　　두 눈과 양 팔 청각 일부까지 잃은
　　피투성이 얼굴 보조장치 두른 목
　　붕대 감은 잘려 나간 팔
　　처연한 마음 길을 잃고 헤맨다

옆에 아내인 알리나 눈을 감은 채
그의 어깨에 기대 팔로 감싸안고 있다
'살아 돌아온 것만으로도 감사하다'
한 줄 빛처럼 그녀의 사랑이
세계인의 눈을 관통한다
가슴이 먹먹하다

비가 그치고 태양이 고개 내밀 듯
종전소식 날을 두 손 모아 빈다

-「사진 한 장」 전문

  이 시는 전쟁의 참상과 그 속에서 나타나는 인간애를 그린 작품이다. "전 세계 울린 사진 한 장/우크라이나 전쟁의 참상"을 통해 전쟁이 남긴 비극적 상처를 포착하고 있다. 사진 속 병사와 그의 아내를 통해 고통과 사랑의 대비를 그리면서도, "살아 돌아온 것만으로도 감사하다"는 구절을 통해 인간 존재의 존엄성을 강조한다. 지구촌에서 벌어지는 부조리한 상황을 외면하지 않는 자세는 지식인으로서 가져야 할 시인의 덕목이자, 깨어 있는 시의식의 발로이다.
  우크라이나 전쟁으로 눈길을 돌릴 수 있었던 것은 평소에도 존재의 의미를 살피는 관심이 컸기에 가능했다. "생명을 가꾸는 일이 소중한 걸/아직도 모르니//불에 덴 듯 뜨겁다"(「난의 질문」)라는 진술 역시 존재의 근원적 질문에서 비롯한다. 연약한 존재와 삶의 고통 속에서도 생명을 이어가야 하는 존재론적 의미를 담아낸 것이다. 또 다른 시 「봄은 꽃이어라」란 시에서도 "다투어 피는 꽃들의 아우성/봄은 꽃이어라"라는 구절을 통해 생명력을 드러낸다. 홍 시인은 여기서 더 나아가 "아름답지 않은 꽃이 어디 있으랴/귀하지 않은 삶이 어디 있으랴/살아가는 이들이 다 꽃인 걸"이라면서 존재의 숭고한 가치를 덧붙인다.

홍영숙 시인의 이번 시집은 '자연'이라는 친숙한 소재를 통해 현대인의 존재론적 고민에 깊이 있는 답을 제시한다. 특히 주목할 점은 단순한 위로나 관조적 태도를 넘어, 구체적인 일상의 순간들(베란다의 화분, 낙엽, 꽃, 나뭇잎, 폭포 등)에서 보편적 진리를 길어 올리는 시인의 탁월한 시선이다. 자연의 순환 원리를 통해 개인의 고통과 상실을 치유하는 한편, 우크라이나 전쟁과 같은 시대의 아픔까지 포용하는 확장된 시야를 보여준다. 이는 자연을 다룬 시의 새로운 가능성을 제시하는 동시에, 인간 존재의 의미를 되새기게 하는 철학적 메시지이기도 하다. 또한, 생태적 위기의 시대에 인간과 자연이 나아가야 할 공존의 철학을 시적 언어로 구현했다는 점에서 그 의의가 크다.